AMÉRICA DEL NORTE

Alexis Roumanis

www.av2books.com

El enriquecido libro electrónico AV² te ofrece una experiencia bilingüe completa entre el inglés y el español para aprender el vocabulario de los dos idiomas.

This AV² media enhanced book gives you a fully bilingual experience between English and Spanish to learn the vocabulary of both languages.

Spanish   **English**

Navegación bilingüe AV²
AV² Bilingual Navigation

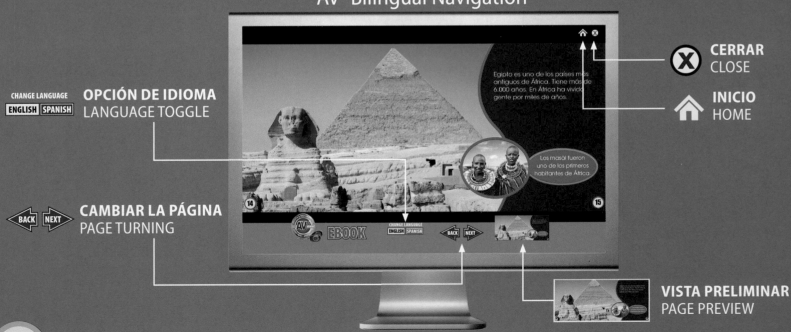

CHANGE LANGUAGE
ENGLISH SPANISH

OPCIÓN DE IDIOMA
LANGUAGE TOGGLE

CAMBIAR LA PÁGINA
PAGE TURNING

BACK NEXT

CERRAR
CLOSE

INICIO
HOME

VISTA PRELIMINAR
PAGE PREVIEW

2

AMÉRICA DEL NORTE

ÍNDICE

Bienvenidos a América del Norte
Es el tercer continente más grande.

6

Esta es la forma
de América
del Norte. Europa
y África están al este
de América del Norte.
América del Sur está al sur.

¿Dónde está América del Norte?

Océano Ártico

Océano Ártico

AMÉRICA
DEL NORTE

Europa

Asia

Océano
Pacífico

Océano
Atlántico

Africa

América
del Sur

Océano
Índico

Australia

N

O   E

S

Antártida

Hay tres océanos que bañan
la costa de América del Norte.

América del Norte está formada por muchos tipos de terrenos diferentes. En América del Norte hay desiertos, montañas, llanuras y selvas tropicales.

El Desierto de la Gran Cuenca es el desierto más grande de América del Norte.

El Bosque Nacional Tongass es el bosque más grande de los Estados Unidos.

Los Grandes Lagos es el conjunto de lagos de agua dulce más grande del mundo.

Las Montañas Rocosas se extienden a
lo largo de 3.000 millas (4.800 kilómetros)
en América del Norte.

El río Mississippi es el más largo
de América del Norte.

En América del Norte viven animales únicos en el mundo. Hay muchos tipos diferentes de animales que viven allí.

El oso polar es el tipo de oso más grande del mundo.

El cóndor de California es el ave voladora más grande de América del Norte.

En América del Norte hay muchos tipos diferentes de plantas.

Los árboles de arce tienen una savia dulce que se puede comer.

En California, hay un pino de conos erizados que es el árbol viviente más viejo del mundo.

El maíz se cultivó por primera vez en México.

Las secuoyas de California son los árboles más altos y grandes del mundo.

La venus atrapamoscas puede comer pequeños insectos y animales.

Los Estados Unidos es uno de los países más antiguos de América del Norte. Tiene más de 235 años. En América del Norte ha vivido gente por miles de años.

Los pies negros fueron uno de los primeros habitantes de América del Norte.

En América del Norte viven muchos tipos de personas. Cada grupo de personas es especial a su modo.

En Hawái, se recibe a los turistas con collares de flores llamados leis.

Los indígenas americanos suelen usar plumas para las ocasiones especiales.

Los inuit suelen hacer su ropa con pieles de animales.

Las mujeres hispanas usan vestidos coloridos en los días festivos.

17

En América del Norte viven más de 358 millones de personas. El país más grande de América del Norte es Canadá.

La ciudad con mayor cantidad de habitantes en América del Norte es la Ciudad de México.

Hay muchas cosas que solo se pueden encontrar en América del Norte. Llega gente de todas partes del mundo a visitar este continente.

El Viejo Fiel de Wyoming es un géiser que hace erupción más o menos cada 90 minutos.

Por las cataratas del Niágara pasa más cantidad de agua que en cualquier otra catarata del mundo.

La pirámide El Castillo de México tiene más de 1.000 años.

El Gran Cañón de Arizona tiene unas 277 millas (446 kilómetros) de largo.

La Casa Blanca de Washington, D.C., tiene más de 200 años.

Cuestionario sobre América del Norte

Descubre cuánto has aprendido sobre el continente norteamericano.

¿Qué te dicen estas imágenes sobre América del Norte?

¡Visita www.av2books.com para disfrutar de tu libro interactivo de inglés y español!

Check out www.av2books.com for your interactive English and Spanish ebook!

1 **Entra en www.av2books.com**
Go to www.av2books.com

2 **Ingresa tu código**
Enter book code

V 5 9 3 7 5 2

3 **¡Alimenta tu imaginación en línea!**
Fuel your imagination online!

www.av2books.com

Published by AV² by Weigl
350 5th Avenue, 59th Floor New York, NY 10118
Website: www.av2books.com

Library of Congress Control Number: 2015953880

ISBN 978-1-4896-4287-5 (hardcover)
ISBN 978-1-4896-4288-2 (single-user eBook)
ISBN 978-1-4896-4301-8 (multi-user eBook)

Printed in the United States of America in Brainerd, Minnesota
1 2 3 4 5 6 7 8 9 0 19 18 17 16 15

112015
101515

Project Coordinator: Jared Siemens
Spanish Editor: Translation Cloud LLC
Designer: Mandy Christiansen

Every reasonable effort has been made to trace ownership and to obtain permission to reprint copyright material. The publisher would be pleased to have any errors or omissions brought to its attention so that they may be corrected in subsequent printings.

The publisher acknowledges iStock and Getty Images as the primary image suppliers for this title.